AF542076

L44
b
676

# NAPOLÉON,

*Fuit Homo missus à Deo......*
*S. JEAN.*

## DÉDIÉ
## AUX ARMÉES
## FRANÇAISES,
## RÉUNIES AU 25 MAI.

Par le Général MORGAN.

A FOIX,
De l'Imprimerie de POMIÉS l'aîné, Imprimeur de la Préfecture du Département de l'Ariège.

25 AVRIL 1806.

# NAPOLÉON,

*Fuit Homo missus à Deo.....*
*St.-Jean.*

## DÉDIÉ
## AUX ARMÉES FRANÇAISES,
### RÉUNIES AU 25 MAI.

Un Homme est envoyé par la Providence pour changer la face du monde civilisé ; l'antique échaffaudage des Gouvernemens Européens s'écroule, se réédifie sous sa main toute-puissante ; cet Homme, né Héros, Conquérant, Législateur, égale, surpasse, à 33 ans, tout ce que l'antiquité a produit de plus illustre, et la terre se tait devant lui.

C'est au milieu des débris, des ruines ensanglantées de la plus antique des monarchies ; c'est du sein de l'anarchie et de l'immoralité la plus complète, que s'élève cet Homme surnaturel, destiné à consoler sa Patrie et le Monde : c'est à son génie protecteur qu'il a été donné de rendre à la Religion ses autels ; à trente millions de Français, des mœurs et un Gouvernement ; et plus que tout cela, peut-être encore, ce sentiment de l'honneur, patrimoine antique et sacré de nos Ayeux.

La reconnaissance, l'orgueil national se sont plû, à l'envi l'un de l'autre, à chercher, soit dans l'antiquité, soit dans les annales de notre Empire, des caractères assez illustres pour en orner, par la comparaison, celui de cet Homme extraordinaire.

C'est en vain que les écrivains modernes chercheront dans l'antiquité, non le modèle, mais un caractère qui pût soutenir la comparaison avec celui du Héros Français. Unique dans son espèce, il semble que la nature ait travaillé de toute éternité à ce modèle du beau idéal. Tout aussi vainement encore voudrait-on assimiler ce nom immortel à ceux d'Alexandre, de César, de Charlemagne. Ces trois hommes, sans doute, se sont présentés à la postérité avec une masse imposante de réputation ; le cachet de la grandeur est attaché à leurs noms par des souvenirs illustres, impérissables; mais aucun des trois ne fut vraîment grand dans toutes les actions de sa vie ; le burin de l'histoire, débarrassé du prestige de l'adulation de leurs Biographes, en rendant hommage aux talents qu'ils ont développé, aux vertus qu'ils eurent en partage, a traduit au tribunal de la postérité, des actions qui souillent à jamais ces noms fameux, de taches ineffaçables.

Le sanctuaire des lois, les Académies, ont souvent rétenti de la comparaison du fils de Pépin et du Vainqueur d'Austerlitz. Du fond de sa tombe, le petit-fils de Charles Martel a dû s'énorgueillir d'une aussi noble comparaison. L'Homme Immortel du 19.e siècle ne peut être comparé à personne ; unique dans son genre, il a été, il sera éternellement *lui*. Le seul emblême, la seule comparaison qui puisse lui convenir, c'est celle de l'oiseau du soleil. Mais pour mieux établir la justesse de cette assertion, ouvrons les annales du monde, parcourons l'histoire des trois grands caractères associés à l'honneur d'être mis en parallèle avec le Héros de la France.

Alexandre s'offre le premier : ce Héros, dont la marche rapide et si bien peinte dans l'histoire sacrée, ressemble à un météore qui porte l'effroi parmi les Nations. Quelques éclairs de vertus adoucissent pour un moment les ombres de ce tableau ; mais les meurtres de Clitus, de Parmenion, de Callysthêne ; l'embrasement de Persépolis, ses débauches insensées, ne peuvent être balancées ni atténuées par le mérite d'avoir fondé quelques villes, d'avoir été généreux envers la famille d'un ennemi vaincu, et envers son médecin.

Jaloux de la mémoire du Prince habile qui lui donna le jour, ce fils ingrat oubliait dans l'ivresse de sa prospérité, que ses victoires appartenaient autant à son père qu'à lui. Cette armée de trente mille hommes, avec laquelle il osa attaquer l'Empire des Perses, était l'ouvrage de ce père habile, qui avait employé les trente plus belles années de sa vie, à former ces guerriers appellés par la Providence à changer les destinées de l'Asie. Les nombreux Lieutenans qui se partagèrent ses dépouilles, après sa mort, n'étaient-ils pas les élèves de Philippe? Qu'eût été Alexandre sans le concours de cette multitude d'excellens Capitaines? Le mérite d'Alexandre, même comme général, peut lui être disputé. Les annales du monde civilisé n'offrent aucun exemple d'un Monarque réunissant au tour de sa personne autant de Guerriers expérimentés, qu'en laissa Philippe à son fils au moment de sa mort. Le romanesque et le merveilleux sont l'appanage des écrivains de l'antiquité; mais le flambeau d'une critique éclairée a considérablement réduit l'échaffaudage gigantesque de la réputation de ce Conquérant, dont la mort violente et prématurée n'aurait jamais pu être regrettée, sans les crimes nombreux et prolongés dont ses Successeurs désolèrent le théâtre de ses conquêtes, pendant près de cinquante ans.

Le Conquérant des Gaules, l'heureux vainqueur du vertueux Caton, se présente couvert d'une gloire d'autant plus difficile à attaquer, que ses ennemis même semblent en avoir consacré le principe. Sans doute César fut l'un des plus Grands-Hommes dont Rome ait pu s'énorgueillir. Grand Capitaine, Homme d'État, grand dans la tribune aux harangues; il semble que la nature ait créé cet homme pour être le destructeur de la Liberté de sa Patrie, et le vengeur de tant d'États humiliés par un Sénat superbe. César couvrit de fleurs les chaînes dont il chargea ses Concitoyens; son usurpation pouvait se justifier par la tranquillité dont sa Patrie jouit sous sa domination, et par les fureurs et les proscriptions qui précédèrent sa tyrannie, et qui vengèrent sa mort. Mais son caractère reste entaché de faiblesses honteuses, et de l'accusation, plus grave encore, d'avoir usurpé la puissance suprême, en armant les Citoyens contre la Patrie. Il est impossible néanmoins de résister au prestige qui caractèrise l'existence de cet Homme extraordinaire. Son génie supérieur était fait pour commander à son siècle; et il s'approcherait avec une espèce d'égalité du Héros de la France, si à toutes les qualités qu'il réunissait, il eût pu y joindre les vertus incorruptibles de Cicéron.

Mais laissant l'antiquité et ses souvenirs, il est doux de pouvoir puiser dans les annales de notre Empire, des matériaux qui, quoique manquant peut-être de justesse dans les raprochemens, nous démontreront néanmoins que la Grande Nation, assez riche par elle-même, n'a pas besoin d'aller chercher chez les Peuples qui n'existent plus, des modèles qu'elle trouve chez elle, et dont elle peut se glorifier éternellement. Un préjugé national bien estimable sans doute, un préjugé basé sur la reconnaissance et l'amour, a fouillé dans les monumens de notre histoire; il s'est plû à vouloir y trouver le type du Grand-Homme auquel le bonheur public est dû. Le fils de Pepin, le plus grand des Monarques qui ait illustré la Monarchie Française, devait naturellement être choisi pour servir à la noble comparaison qu'il fallait établir. Les souvenirs aussi précieux que mémorables d'un des règnes les plus longs et les plus glorieux, présentaenit une masse imposante de grandeurs, qui vue à dix siècles de distance, ne laisse appercevoir que le côté heureux sous lequel on se plaisait à l'envisager. Charlemagne, sans doute, méritait l'amour des Peuples nombreux qu'il fut appellé à gouverner. Il faut même ajouter, que ce Monarque, infiniment supérieur au siècle où il vécut, eût certainement encore été supérieur à ce qu'il fut, si l'absense des lumières, si la barbarie où l'Europe était alors ensevelie, ne l'eût pas privé de collaborateurs. Il fallut qu'il arrachât de leurs cloîtres les seuls hommes lettrés qui existaient alors, pour en faire des hommes d'état. La postérité reconnaissante rend hommage au bien que cet excellent Prince a fait, quoiqu'il n'ait pu travailler pour elle, quoiqu'il n'ait laissé après lui aucuns de ces grands établissemens, dont les avantages bienfaisans se font ressentir aux générations les plus reculées.

Riche des vertus, des exploits de son père et de son ayeul, Charles hérita d'un sceptre tombé des mains pusillanimes d'une dynastie abâtardie; la Nation, depuis 80 ans, était accoutumée à voir l'autorité suprême exercée par les Maires du Palais, pour ainsi dire à titre d'héritage. Charles ne fut pas le premier Héros de sa race; son père était un Grand-Homme;

son ayeul leur était supérieur à tous deux. *Charles Martel* fut, non-seulement le Sauveur, le Libérateur de sa Patrie, mais de l'Europe entière. Sans la victoire signalée qu'il remporta sur les Sarrasins, l'Europe devenait la proie de ces barbares ; et selon toutes les apparences, cette patrie moderne des sciences et des arts, cette terre classique, aurait eu en partage le sort qu'Athènes et la Grèce ont subi sous le joug des Ottomans. L'Europe doit son existence politique à la victoire de Charles Martel ; et la couronne dont son fils se ceignit la tête était le juste tribut de reconnaissance que la Nation Française devait aux actions éclatantes et du père et du fils. Charles Martel, pressé par les besoins impérieux de l'Etat, par la nécessité de nourrir ses braves et nombreux défenseurs, força les abbayes à contribuer aux dépenses publiques. Ces cénobites fanatiques et égoïstes, ne purent lui pardonner un pareil attentat. Telle fut la source des légendes ridicules et odieuses qu'ils inventèrent contre lui. Charlemagne, au contraire, moins grand que son ayeul, mais plus généreux que lui envers les monastères, dont il fonda un grand nombre et enrichit beaucoup d'autres, trouva dans les cloîtres de nombreux apologistes, qui non contens d'exalter ses vertus réelles, canonisèrent jusqu'à ses foiblesses.

Pour le siècle où il vécut, Charlemagne développa un caractère d'autant plus extraordinaire, que dénué de toute espèce d'instruction, ne sachant pas même écrire, sa tête dût enfanter tous les réglemens qu'il fesait ensuite rédiger par les moines, qui lui servaient de Ministres. Mais ces réglemens, ces lois, ne portent point l'empreinte de ces grands monumens, auxquels le sort des Nations est attaché ; leur multiplicité annonce que chaque jour il fallait créer pour le lendemain, mais presque rien pour l'avenir.

Comme Guerrier, Charlemagne ne peut aucunement être mis en comparaison avec les deux Conquérants dont on a déjà parlé. Une guerre obscure et peu généreuse avec le dernier Roi Lombard; trente-trois années de combats terminés par le massacre épouvantable de quelques hordes de barbares entre le Weser et l'Elbe ; une campagne plus malheureuse encore en Espagne, forment des titres bien douteux à la réputation de Grand-Homme de Guerre.

L'administration de cet Empereur était si faible dans son essence, que plusieurs années avant de descendre dans la tombe, il eut le chagrin de voir commencer les ravages, que pendant près de cent ans, les fiers enfans d'Odin exercèrent sur les Provinces de la Monarchie Française; ravages qui ne cessèrent que par l'établissement de ces féroces Scandinaves en France; et que l'auguste vieillard eut la douleur de ne pouvoir réprimer, même de son vivant.

L'histoire parle avec admiration de la marche rapide de cet homme illustre dans ses vastes états. Ebloui par l'activité de ce Prince, qui nous rappelle les marches des Empereurs Romains, des bords du Tibre à ceux de l'Euphrate, on ne s'apperçoit pas que ce qui causait tant d'admiration, devenait le symptôme d'un vice bien dangereux dans l'Etat; car ces marches si vantées, toujours entreprises pour ramener, par la présence du maître, la tranquillité troublée, ne prouvent que trop clairement l'absence absolue de tout système d'administration ; et si les rênes de l'Empire eussent été tenues par des mains fermes, guidées par un esprit éclairé, par des réglemens uniformes ; la présence du Prince n'eût pas été nécessaire sur tous les points de l'Empire, pour y maintenir le bon ordre et la tranquillité.

Il serait injuste de rendre ce Prince responsable des vices du siècle où il parut ; ajoutons que le mérite de ce Monarque double même en raison de la résistance que dût opposer, à ses vues bienfaisantes, la barbarie et l'ignorance de ce siècle. Loin de nous l'idée de porter atteinte à la réputation de ce grand Monarque, réputation consacrée par dix siècles de possession. Mais en payant avec respect cet hommage à sa mémoire, nous avons dû le présenter tel qu'il fut réellement : assez de gloire lui restera encore en partage ; et nulle Nation moderne ne peut trouver dans ses annales, un Prince qui, à la même époque, puisse être mis en parallèle avec le fils de Pépin.

Après avoir tracé d'un crayon rapide, mais

véridique, les portraits des trois Grands-Hommes dont l'histoire ancienne et moderne nous a conservé le souvenir; après avoir rendu hommage aux vertus, aux talents qu'ils eurent en partage; après avoir été sévère, mais juste, avec eux, rapprochons de ces tableaux illustres l'Homme immortel auquel on a voulu les assimiler. Mais pour écarter toute idée de basse adulation, il faut, en s'abstenant de toute réflexion, poser les faits; ils parlent d'eux-même, ils détruisent bien vîte toute idée de comparaison.

L'éclat extraordinaire dont furent embellies les quarante premières années du siècle de Louis XIV, semblait avoir épuisé la France, et laissé peu d'espoir à la postérité de la voir appellée de long-temps à de brillantes destinées; la Nation française enfin paraissait avoir épuisé ses derniers efforts de grandeur. A ce règne si majestueux, même dans ses révers, en avait succédé un d'une durée presque aussi considérable, mais dont la faiblesse et la profonde immoralité semblait avoir gangrené toutes les parties du Corps politique. La Nation, arrivée au dernier degré de marasme, se relève plus grande encore, par suite d'une de ces terribles catastrophes, dont la Providence, heureusement, ne donne que de loin en loin la terrible leçon.

Le Gouvernail de l'Etat, tenu par des mains débiles et inexpérimentées, ne se dirigeait que par l'impulsion mercénaire de Ministres occupés uniquement, et de basses intrigues, et des moyens de partager entr'eux et leurs protecteurs les ressources de l'Etat. La décrépitude politique de la monarchie en présageait la prochaine dissolution ; et le règne infortuné du dernier Monarque, en consomma l'anéantissement, au milieu du choc épouvantable, de la fermentation et du déchaînement de toutes les passions les plus opposées, et à l'aide d'un fanatisme délirant, inspiré à la majeure partie de la Nation par des thaumaturges bien éloignés eux-mêmes dans leurs projets secrets, de partager l'ivresse qu'ils avaient fait naître. De ce cahos déplorable, sortirent les sanglants et rapides malheurs qui couvrirent la France de deuil pendant plusieurs années, et qui firent craindre pendant quelque temps aux observateurs les plus impartiaux, s'il serait possible d'opposer une digue à ce débordement de tant de vices, de tant de crimes, si impudemment métamorphosés en vertus.

Un dernier sanctuaire restait à l'honneur français, il ne put être violé. Tous les projets des novateurs échouèrent contre ce rocher inébranlable ; ce sanctuaire sacré conserva intact le précieux dépôt qui lui était confié. On sent aisément que l'on veut parler de l'Armée française : étrangère aux horreurs qui, de la Capitale, se répétaient dans les Provinces, l'Armée, fidèle à la Patrie, repoussait loin des frontières l'ennemi peu généreux qui fomentait nos discordes. Bientôt même elle reporte parmi eux le théâtre de la guerre, qui devint alors pour elle une série non interrompue de succès et de triomphes. La Nation Française alors n'existait réellement que dans les camps. Ce fut au sein de ce sanctuaire de l'honneur, que s'élevait ce génie appellé à sécher les larmes de sa Patrie, et à lui assurer une gloire bien au-dessus de celle dont les maîtres du Capitole nous ont laissé le souvenir.

Napoléon, plein du sentiment de sa Grandeur future, fort des ressources d'un génie qui ne peut être calculé, marcha rapidement au sommet de la gloire militaire; et à l'âge où à-peine on arrivait aux emplois les plus subordonnés, était reconnu sans jalousie pour le premier maître, par ces anciens Chefs, qui couverts eux-mêmes d'une gloire bien méritée, avaient découvert dans ce jeune Héros, ce caractère auguste auquel les destinées de Nations sont attachées.

Sa vie, jusqu'au 18 Brumaire, n'était que les échelons qui devaient le conduire à l'honneur de devenir le Restaurateur de sa Patrie; les actions éclatantes qui précédèrent cette époque, suffiraient pour l'immortaliser à jamais. Les pages subséquentes de cette vie, transmises à la postérité, en seront reçues, peut-être un jour, de la manière dont nous traitons aujourd'hui ce que l'antiquité nous a laissé sur Sésostris, Bacchus et Hercule. Mais avant d'entrer dans les détails des événemens illustres qui se succédèrent avec tant de rapidité, depuis cette époque mémorable, il est essentiel d'examiner l'état et les ressources de la France au moment du retour de NAPOLÉON.

En proie, tour-à-tour, aux nombreuses factions qui s'étaient disputé le pouvoir suprême, depuis la chûte de Robespierre, la France, déchirée par ses propres enfans, ne présentait plus que le spectacle humiliant des discordes dans l'intérieur, et d'honteuses défaites sur ses frontières. La misère était au comble; les finances de l'Etat, livrées au brigandage le plus effréné, ne pouvaient plus suffire aux charges publiques. Le Soldat mal payé, manquant des premiers besoins, était découragé. La France comptait autant de formes de Gouvernement, que de factions qui s'étaient succédées. Il ne restait plus que le vain nom de République; les crimes qui avaient déshonoré les premières années de la révolution, commençaient à se répéter; de toutes parts, le monstre hideux de l'anarchie étendait ses innombrables bras, pour ressaisir ses victimes. Les pentarques, jouets impuissants des factions qui les soutenaient dans leurs postes, sacrifiaient et leur conscience et les plus chers intérêts de la Patrie, à l'aveugle ambition de conserver la puissance.

Les armées, si long-temps couvertes de gloire, si souvent menées à la victoire, privées du Héros qui les avait guidées, découragées par la discorde qui divisait ses Chefs, semblaient avoir perdu leur antique valeur. Repoussées de l'Italie, de l'Allemagne, c'était avec peine qu'elles suffisaient à défendre les frontières. Découragement dans les armées; dans l'intérieur, la discorde armée de tous ses serpens, la terreur et ses sanguinaires satellites; tel était l'état de la France, au moment où NAPOLÉON abordait à Fréjus. Mais tel fut aussi l'heureux effet de ce retour inespéré, que sans aucune sécousse, sans une tâche de sang, le gouvernail de l'état tombé des mains inhabiles qui en avaient fatigué les ressorts, fut ressaisi par celles du génie; et six semaines après ce grand et mémorable événement, la France, ivre d'espérances et de bonheur, put prévoir qu'elle remonterait plus rapidement qu'elle n'en était descendue, au haut degré de gloire où l'avait déjà élevée le Conquérant de l'Italie.

Alexandre et Charlemagne hériterent des vastes moyens que leurs pères avaient préparés de longue main, pour arriver au point de splendeur où ils parvinrent. Nés l'un et l'autre sur le trône, maîtres des Armées les mieux disciplinées qui existassent alors, ils n'eurent qu'à donner l'essor à leur ambition, pour attacher leurs noms aux siècles qu'ils illustrèrent.

Napoléon n'eut aucun de ces avantages ; mais, doué d'un génie que la Nature ne reproduira jamais, dont le moule a été brisé après lui, Napoléon ne dut qu'à lui seul les moyens qui l'élèverent à l'Immortalité, qui le livrent dès son vivant à la Postérité, comme un modèle qui fera à jamais le désespoir de ceux qui voudront approcher de lui. L'histoire sera forcée de briser son burin, dont la faiblesse ne pourra jamais atteindre à la hauteur des faits qu'elle aura à raconter, et elle ne pourra les peindre, qu'en disant de lui : *fuit Homo missus à Deo.*

C'est en vain qu'on essayerait de tracer les succès, les grandes actions qui se succédèrent depuis cette immortelle journée : la rapidité des événemens extraordinaires, qui se précipitaient, pour ainsi dire, les uns sur les autres, a entassé des siècles en moins de cinq années ; et la plume même de Tacite, sa touche énergique, succomberait sous une pareille entreprise.

A *Marengo*, Napoléon rendit à l'Armée française sa première réputation, à la France une stabilité qui ne pouvait plus être disputée. L'Italie reconquise, cent villes, dont les portes s'ouvrirent à la nouvelle de cette illustre victoire, et la paix continentale ; tels furent les résultats des quatre premiers mois qui suivirent le retour de Napoléon. Aux succès extérieurs se joignirent bientôt le rétablissement de l'ordre dans l'intérieur. Les factions étouffées, les partis abattus, et la masse de la Nation rendue à ces vertus aimables et douces, qui pendant tant de siècles avaient honoré le caractère français ; la Religion rétablie, mais dégagée des abus nombreux qui n'avaient que trop justifié, peut-être, le déchaînement des destructeurs de l'Autel et du Trône. Un Concordat conciliateur, en éteignant les souvenirs du passé, fit retrouver des frères dans des frères égarés. Les Finances de l'Etat, confiées à des mains probes et intelligentes ; le Commerce, l'Industrie Nationale, protégés, encouragés ; l'Ordre Judiciaire épuré, un Code Civil digne du nom illustre qui le lance à l'immortalité. Tels furent, en partie, les nobles suites de l'immortelle journée de Marengo.

Il semblerait que l'on vient de tracer la table des matières de l'histoire de plusieurs siècles ; ces événemens mémorables remplissent à-peine dix-huit mois de l'existance de NAPOLÉON. A l'instant où ce Héros s'occupait à rendre à la France les riches colonies dont les malheurs de la révolution l'avaient privée, le génie d'Albion, malheureux du bonheur de ses voisins, osa briser les liens de la foi publique, et rallumer le flambeau d'une guerre qui ne s'éteindra qu'avec sa destruction. La Nation Française s'indigna contre tant de perfidie ; les cris de vengeance rétentirent dans tous les coins de l'Empire, et furent rapidement succédés par ceux de l'amour, de la reconnaissance publique, qui, d'une voix unanime, décernaient la dignité Impériale au Héros auquel la fortune nationale était attachée. Cet acte de justice et de gratitude de la Nation Française, dût tirer son prix le plus flatteur de l'unanimité qui le consacra; et ce dernier, mais solemnel exemple d'une Nation délibérante, expiera aux yeux de la postérité, l'abus étrange de ce système insensé et destructeur de l'ordre social, par lequel, à l'aide de l'intrigue et de la violence, la volonté d'une minorité tumultueuse et insolente se revêtait du caractère national.

La Nation Française, en appelant NAPOLÉON au Pouvoir Suprême héréditaire, assied la félicité publique sur une base inébranlable. Cette noble explosion de gratitude, semble redoubler l'énergie nationale; la France se métamorphosa en un atelier de marine; les ports, les rivières de l'intérieur se couvrirent de bâtimens légers, destinés à reporter dans le sein d'Albion même, les fléaux dont elle avait désolé depuis si longtemps, et avec tant d'impunité, toutes les parties du monde.

Ce colosse d'airain, aux pieds d'argile, était prêt d'être atteint par le bras tout-puissant du génie de la Victoire ; les vieilles Bandes Françaises attendaient avec des frémissemens d'impatience, le signal qui devait les conduire à de nouveaux triomphes. Mais la rivale, l'émule de Carthage, à l'aide du métal corrupteur qui forme l'essence de sa grandeur, séduisit, entraîna de nouveau plusieurs Puissances du continent, qu'une triste et fatale expérience n'avait pas dégoûté encore de s'unir aux projets insensés dont elles devaient devenir de nouvelles victimes. Qu'importait à la Grande-Bretagne que des trônes s'écroulassent, que des générations disparussent, pourvu qu'elle parvint à détourner la foudre qui menaçait ses rivages ? L'orage formé dans le nord de l'Europe devait, d'après les calculs de ceux qui prétendaient le diriger, arracher à la France ce que dix années de victoires et de succès lui avait assuré. Les insensés ! dans leurs calculs délirants, ils avaient imaginé surprendre le Héros, dont le silence sublime et les profondes combinaisons, dès long-temps avaient déjà déjoué les efforts de ces pygmées.

La Russie, l'Autriche, la Suède et Naples, unis à la Grande-Brétagne, ou plutôt soumis à l'impulsion du Cabinet Britannique, forment la folle et dernière coalition, dont sans doute, l'histoire aura à entretenir la postérité. Disons-le, à la honte éternelle des Gouvernemens que nous venons de citer, la plupart des dirigeants de ces Cabinets politiques coururent au-devant des offres honteuses, du salaire déshonorant dont l'Anglais paya leurs bassesses et la ruine de leurs maîtres. Le sort d'antiques monarchies fut mis au vil prix de quelques cargaisons de manufactures, dont le poids encombrait et fatiguoit le sol de l'Angleterre (1).

---

(1) Cette assertion est si vraie, que dans les débats du parlement d'Angleterre, du 1.er Avril, un membre de la trésorerie a fait l'aveu extraordinaire, que sur les 3,500,000 liv. sterl. de subsides, votés l'an dernier, il n'avait été dépensé que 1,780,000 liv. sterl. Ainsi donc pour une misérable somme de 36 ou 37 millions de francs, l'Empereur d'Autriche a perdu ses États ; la Famille Royale de Naples son Trône pour toujours, et l'Empereur de Russie une armée de cent mille hommes ; et ce qui est pire encore, sa réputation. Il faut avouer que l'Angleterre est bien habile ! Ou comment qualifiera-t-on les Puissances qui ont eu la folie de se laisser diriger par elle ?

La Grande-Brétagne était l'antre où, depuis 14 ans, se tramaient les projets destructeurs et incendiaires que ranimaient journellement les succès et les victoires de la France ; l'ame de tous ces complots, la main qui soulevait tant de leviers méprisables, l'homme enfin qui osa lutter contre le génie de la France, et mit son amour-propre et son orgueil en opposition au repos du monde et au salut de sa patrie, fils d'un Grand-Homme, eut pu, peut-être lui-même, prétendre au même titre, si des crimes détestés chez les nations même les moins policées, n'imprimaient sur sa mémoire la flétrissure la mieux méritée. La postérité lui reprochera éternellement les odieux moyens d'assassinats, de révoltes, d'incendie qu'il employa tour-à-tour pour assouvir sa haine contre la Nation française, et se venger de la supériorité dont l'accablait le génie de Napoléon.

Pendant un ministère de 20 années, cet homme avait élevé la puissance de sa patrie à un degré de prospérité qui n'avait pas d'exemple ; la Grande-Brétagne, par sa position et sa force relative, ne devait jamais prétendre à se placer au rang des grandes puissances du continent ;

la faiblesse de sa population la fixait au second rang ; mais la prospérité de son commerce, la faiblesse des Gouvernemens Français et Espagnol depuis la paix d'Utrecht, avait fini par élever la puissance de cette nation à un degré bien alarmant pour l'Europe, et par concentrer dans ses ports toute la fortune du monde commerçant ; la perte de ses colonies dans l'Amérique septentrionale, lui avait fait une blessure assez profonde ; mais les malheurs de la révolution française, furent pour elle une mine dont la richesse fut incalculable. Après avoir, avec l'Espagne, volé, détruit la marine française, enlevé les colonies, ou insurgé, incendié celles qu'elle ne put conserver ; après avoir fait subir à l'Espagne et à la Hollande, devenues ses ennemies, un traitement à-peu-près pareil, la Grande-Brétagne, quelques mois avant la paix d'Amiens, se trouvait maîtresse de tout le commerce du monde connu ; son pavillon dominait sur toutes les mers ; dans l'ivresse de tant de succès, son orgueil ne connut plus de frein ; elle crut, elle osa penser que sa volonté serait l'écueil contre lequel tous les triomphes de la France viendraient échouer.

Allarmé de la rapidité avec laquelle NAPOLÉON s'occupait à recréer la Marine de l'Etat ; à rétablir l'ordre dans les colonies, le Gouvernement Anglais, épouvanté par le cri de sa conscience, crut voir déjà suspendu sur sa tête, le fer vengeur de toutes les atrocités qu'il avait à expier ; et pour retarder ce moment terrible, il viola, sans scrupule comme sans pudeur, la foi jurée à la face de l'Univers ; et sans provocation, sans déclaration de guerre ; fit attaquer et enlever les vaisseaux français, navigants dans la sécurité qu'inspire la sainteté des traités. Ses amiraux, dans les mers de l'Amérique, ne rougirent pas de s'associer aux expéditions des brigands de couleur, et de partager ainsi l'horrible tâche de tous les massacres qui ont désolé ces plages infortunées. Tant de crimes inutiles allaient recevoir leur juste salaire. Cent mille Guerriers mesuraient des yeux le foible intervalle qui les séparait de ce répaire de dévastation, lorsque le bras tout-puissant du maître des destinées de l'Europe fut appellé au centre du continent, pour terrasser l'hydre renaissant de la nouvelle et dernière coalition.

Des leçons aussi terribles que recentes, n'ont pu garantir l'Autriche, ni l'empêcher de ce précipiter dans des mesures dont elle ne devait espérer aucun succès. Le Souverain le plus puissant du Nord, que rien ne pouvait intéresser directement dans la quérelle de la Grande-Brétagne, que tout au contraire semblait porter à s'allier étroitement à la France, fut attiré dans cette folle confédération par l'orgueil d'en être cru le chef et le protecteur, tandis qu'il n'était qu'un instrument passif et aveugle de l'ambition anglaise. Inexpérimenté, entouré de Ministres de son âge, il crut être appellé à jouer le rôle de modérateur de l'Europe, de rival de NAPOLÉON; énorgueilli de sa puissance et de quelques succès éphémères, il crut que nos invincibles Phalanges n'oseraient se présenter devant les hordes barbares et fanatiques que ses ordres avaient arrachées jusqu'aux extrêmités des poles.

Fera-t-on l'honneur de placer dans cette nomenclature, cette moderne Jezabel, qui, dégoûtante du sang de ses sujets, poussa la fureur et l'extravagance, au point de précipiter à jamais du trône sa famille, à qui la Grande-Nation et son Auguste Chef avaient déjà trois fois pardonné ?

L'Europe semblait s'ébranler sur ses fondemens, six cents mille Combattans franchissaient avec la rapidité de l'éclair les distances les plus éloignées, pour venir décider cette querelle, dont le sort des Nations allait dépendre ; mais l'Aigle Française conserva son invincible ascendant. Cent mille Guerriers, des bords de l'océan, s'élançent au centre de l'Autriche, en moins de temps qu'un voyageur ordinaire n'en aurait mis à parcourir le même espace ; soixante jours furent employés et consacrés par plus de triomphes que les Armées Romaines n'en cumulèrent jamais pendant plus de deux siècles, et sur le même terrein. L'Autriche, surprise par une aussi étonnante rapidité, pressentant même la catastrophe terrible dont elle devait être la victime, sembla frappée de terreur et d'aveuglement ; ses armées dispersées, découragées, se rendaient, mettaient bas les armes devant des forces inférieures. Les murs d'Ulm ont vu quarante mille guerriers, commandés par des vétérans blanchis dans le métier de la guerre, mettre leurs armes aux pieds du Héros dont le nom seul les avait vaincus. Vienne ouvrit ses portes, non à un ennemi, mais à un bienfaiteur généreux, qui poussa la délicatesse jusqu'à éviter de se montrer à un peuple reconnaissant, qui eût pu facilement oublier ce qu'il devait à ses maîtres malheureux, et se rappeller que sous Charlemagne, dont ce Héros relevait le trône, l'Autriche en était une province frontière, sous le nom de Marche orientale.

Mais cette dernière espérance du cabinet britannique, les fiers enfans du nord, cette bigarrure de tant de peuples étrangers les uns aux autres, cette armée enfin qui semblait devoir arrêter NAPOLÉON dans sa marche, elle paraît enfin! La Moravie voit ses plaines naguère si silencieuses, gémir sous le poids de deux cent mille combattans. Deux Empereurs puissants et réunis se flattent d'une victoire décisive. Celui des Français, sûr de son triomphe, en fixe le jour, en choisit le théâtre; et Austerlitz, chétif village, à-peine connu du Monarque Autrichien, voit s'attacher à son humble nom l'immortalité la plus complète. La bataille d'Actium décida de l'Empire entre Antoine et Octave ; la victoire d'Austerlitz a rendu NAPOLÉON le modérateur de l'Europe. L'un des deux Empereurs vaincus doit à sa magnanimité la restauration de ses états conquis, et tous deux, leur liberté et celle des débris de leurs armées, cernées et manquant de tout.

Quelle plume osera essayer de transmettre à la postérité tant de triomphes, tant de grandeurs ! Celle seule du Héros serait digne de retracer ces faits, de peindre la générosité si rare dans les Conquérants, cette noblesse unique, avec laquelle il comble de bienfaits ses Alliés; aggrandit leurs Etats, en donne même de nouveaux aux frères du Monarque Autrichien, dont il voulut par-là forcer la reconnaissance, en le traitant aussi noblement qu'en usa le fils de Philippe envers Porus. Maître de disposer de tant de Provinces conquises, NAPOLÉON n'a pas reculé d'une ligne les frontières de son Empire ; il a rendu à l'Italie un démembrement que les circonstances avaient pu lui commander momentanement; et après avoir employé ses Armées victorieuses à consolider les changemens que sa providence a dû faire pour fixer le nouvel ordre politique de l'Europe, ses phalanges redoutables retournent sur les bords de l'océan, non plus pour menacer, mais pour frapper le coup terrible, qui ne fut peut-être suspendu que par un sentiment de magnanimité (2), qui n'a pu échapper à ceux qui connaissent

---

(2) Il est difficile d'attribuer à une autre cause qu'à la magnanimité de l'Empereur, les retards qu'a éprouvé l'invasion de la Grande-Bretagne. Il est hors de doute qu'elle a pu s'exécuter. Il est également certain que 40 à 50 mille hommes, jettés sur la côte de Kent et de Sussex, décideraient à jamais du sort de cet Empire. Des côtes de Kent et de Sussex, où la descente s'effectuerait, on ne compte jusqu'à Londres que quatre marches au plus, et encore, avant la troisième, l'Armée Française se serait rendue maîtresse de Wolwich et Chatam; Wolwich, l'unique arsenal de la Grande-Bretagne, et Chatam, l'un de ses Ports militaires. Pour arriver à la Capitale, l'Armée Française ne rencontrerait que des Corps détachés, qui certes n'arrêteraient pas sa marche, pas même celui des *immortels*. (C'est ainsi que les Anglais appellent la partie de leur Armée qui a fait la campagne d'Egypte.) Aucun obstacle, aucune résistance ne saurait

la situation de l'Angleterre, et la facilité de l'envahir.

La postérité aura peine à croire un jour, jusqu'à quel point le génie de Napoléon avait su s'élever, lorsqu'elle apprendra qu'au milieu du tumulte des Camps, dans la situation la plus critique, à la veille d'une action qui devait décider du sort de tant de couronnes, de sa propre vie même ; qu'à 500 lieues de sa Capitale, tandis que ses Soldats se reposaient, le Héros non-seulement veillait sur eux, mais même encore s'occupait des détails les plus minutieux de son Empire ; des Décrets rendus

---

sauver la Capitale de la Grande-Bretagne. L'Armée Française, maîtresse de ce dépôt général du Gouvernement, de la Banque et du Commerce, commanderait une révolution générale, que deux cents mille individus appellent depuis long-temps par leurs vœux secrets. Si l'Armée, au moment du débarquement, était assez nombreuse pour faire un fort Détachement, elle pourrait s'être emparée en même-temps de Portsmouth, le premier Port militaire de l'Angleterre. Cette Ville, attaquée du côté de la terre, ne ferait pas une heure de résistance. A la même distance de la côte où on aurait débarqué, qu'en est la Capitale, ces deux points importans seraient au pouvoir de l'Armée le même jour et à la même heure. Que deviendrait alors l'Angleterre ?

à Ulm, à Vienne, à Austerlitz même, statuent sur des objets administratifs, dans tous les Départemens de l'Empire, et prouvent que ce génie étonnant ressemble à l'Atlas de la Fable (3).

La France, sous son immortel Monarque, est enfin parvenue à ce degré de puissance qui ne met d'autres bornes à l'étendue de son

---

(3) Le Département de l'Ariège, l'un des plus éloignés du centre de l'Empire, emprisonné au milieu des neiges éternelles qui couvrent les Pyrénées, occupait à Austerlitz la pensée du Héros, dans cet instant critique et solemnel, où il allait disposer de tant de Couronnes que le petit-fils de Marie-Thérese venait de perdre si follement. Napoléon trouvait cependant encore le loisir de s'occuper du sort de ce Département, en rendant, le 16 Frimaire, deux Décrets Réglementaires, qui sous l'ancien Gouvernement, aurait été l'ouvrage, tout au plus, d'un premier Commis. Combien sont heureux les Peuples qui peuvent se glorifier d'un Chef qui, sans cesse occupé de leur bonheur, ne trouve rien d'indifférent, ni au-dessous de lui, de tout ce qui peut intéresser leur tranquillité! L'antique Gascogne a des droits sans doute à la bienveillance du Héros; cette pépinière d'excellents Soldats, cette mère orgueilleuse des 4.e, 32.e et 57.e de ligne, a payé sa dette à la Patrie, et son amour pour son Souverain ne peut être égalé que par le désir ardent qu'elle éprouve de le voir venir un jour l'embellir par sa présence auguste, et porter le bonheur dans son sein.

Empire, que la modération même du Héros. La folie, qui semble guider les Cabinets modernes, pourrait seule le forcer à des subversions qui paraissent lui répugner, puisqu'il ne les a pas voulu. Quel est le trône, en Europe, qui ne s'écroulât à sa voix toute-puissante? Il lui suffira même, pour détruire Albion, de fermer à cette dominatrice des mers, les canaux par lesquels elle fait écouler dans les pays étrangers le produit de ses manufactures, et les dépouilles de l'Inde et de l'Amérique: écrasée par une dette nationale six fois plus forte que toutes ses richesses territoriales et factices, la Grande-Brétagne cesserait d'exister comme Puissance, comme Nation peut-être, si ses manufactures et sa marine marchande se trouvaient repoussés des ports du continent (4). L'influence de la France pèse

(4) Colqhoun, dans un Tableau dressé sur les Registres des Douanes de la Ville de Londres, évalua les marchandises importées et exportées du Port de cette Ville en 1795, à 66 millions sterlings, (1,320,000,000 de France). Plus de la moitié de cette somme provenait des Manufactures, ou du sol Britannique. Les autres Ports réunis de l'Angleterre doivent produire un résultat au moins triple de celui de Londres. Les exportations du Royaume, à la

d'une telle force sur l'Europe, dans ce moment-ci, qu'à l'exception de la Russie, il n'est aucune Puissance sur le continent, qui pût se refuser à la demande que l'Empereur des Français ferait de cette mesure, également salutaire aux Gouvernemens auxquels elle serait adressée, puisque son résultat nécessaire serait l'affranchissement des mers

même époque, produisirent une balance de 20 millions sterlings au profit de la Grande-Bretagne. Aujourd'hui ce calcul doit être étrangement alteré, car le Tableau de Colqhoun se compose des importations et exportations faites à Vénise, en Italie, Flandre, Autriche, Hollande, Espagne, Portugal, Prusse, Suisse, Allemagne, Pologne, Naples et les Etats-Unis. La majeure partie de ces nombreux débouchés des marchandises anglaises se sont fermés à la voix toute-puissante du Monarque de la France. La Russie est le seul canal qui lui soit encore ouvert; mais l'éloignement de cet Empire du centre de l'Europe, rend très-difficile et très-coûteux le transport de ces produits de l'industrie de nos ennemis, et ne peut en faire circuler qu'une bien faible portion. Cette dernière ressource ôtée à l'Angleterre, que deviendraient ses manufactures, ses vaisseaux marchands, son cabotage qui n'aurait plus d'occupation? Cette attaque négative contre l'existence de la Grande-Bretagne n'aurait pas de résultats aussi prompts, aussi brillants qu'une invasion; mais n'en produiraient pas moins infailliblement une révolution intérieure dans ce Royaume, et sa ruine inévitable.

et la liberté du commerce ; bienfaits auxquels toutes ces Puissances ont un droit égal, et dont elles seraient encore redevables au Modérateur de l'Europe.

L'assiette nouvelle que l'état politique de l'Europe doit prendre, sous les auspices de NAPOLÉON, ne permet pas de douter que l'abaissement de l'Angleterre n'en soit une conséquence essentielle ; mais cet abaissement n'est que la liberté générale rendue à tous les peuples, de porter leur industrie sur toutes les mers, sans en être empêchés par le despotisme et l'insolence du pavillon britannique. Sa destruction n'entre certainement pas dans les méditations de l'architecte immortel qui a refondu l'antique charpente européenne ; trop d'exemples font éclater sa modération et sa magnanimité, pour que la Nation Anglaise puisse lui soupçonner ce projet ; et la générosité avec laquelle il traite dans ce moment le Peuple de Naples, le bienfait inoui dont il l'accable, en le délivrant du joug d'une furie, pour le confier aux soins paternels de l'homme, qui après lui-même, honore le plus la France, par la réunion de toutes les vertus qu'il est donné à la nature humaine de pouvoir cumuler ; cet exemple doit servir de leçon à l'Angleterre, et apprendre à son Gouvernement, que la patience du Fort finit par avoir des bornes ; et qu'alors, à son humanité, succéderaient inévitablement les voies de justice et de force, et pour dernier résultat, une ruine éternelle.

Vierges d'Albion, faites retentir la voûte des Cieux des chants de paix et de concorde ! Fléchissez le courroux du Ciel, qui s'annonce par la voix du Monarque du monde ! il en est temps encore ! mais quelques jours de plus, il serait trop tard. Ecoutez les mugissemens que les vents vous apportent des rivages Français ; entendez le bruit de cent mille vengeurs prêts à franchir l'abyme qui les sépare de vous. Les voyez-vous s'élancer sur le sein de l'onde, débarquer sur vos côtes ? Le moment du pardon est passé ; pleurez, pleurez, Vierges d'Albion, sur les débris sanglants de votre patrie ; mais elle avait mérité son sort, cette usurpatrice des mers ! elle ressemblait à Carthage ; et comme pour elle, le voyageur étonné cherchera vainement le sol où existait cette Ville où venaient s'entasser les dépouilles de l'Univers.

Il faudrait des volumes pour énumérer tous les titres de NAPOLÉON à l'Immortalité, et à la reconnaissance de la Nation Française ; l'esquisse rapide et informe que l'on vient de tracer, suffit néanmoins pour prouver combien cet homme, qui fera à jamais l'admiration des siècles, a laissé loin de lui les caractères choisis auxquels on avait voulu le comparer. L'auréole de gloire qui ceint le front de ce Héros, n'a pu être empruntée à aucun des demi-Dieux que la postérité révère ; il reste seul sur la ligne unique que la Providence forma exprès pour lui ; les monumens des arts n'atteindront jamais à l'honneur de le représenter dignement ; le monde est le pied-d'estal de sa statue, et la voûte des Cieux le seul temple qui puisse contenir sa gloire.

Ombres d'Alexandre, de César, de Charles ; énorgueillissez-vous ! Vous ne reçutes jamais d'éloge plus flatteur, que celui d'avoir été comparés au Héros de la France. Comme Capitaine, la Gloire de NAPOLÉON est sans nuage; toujours la Victoire resta fidèle à ses Drapeaux; et les armées qu'il eut à combattre et qu'il vainquit, étaient reconnues pour les plus braves, comme les mieux disciplinées de l'Europe.

Le fils de Philippe vainquit sans grands efforts ces multitudes sans ordre, que le dernier monarque Persan opposait à la phalange Macédonienne. C'étaient des troupeaux de victimes livrées au glaive du sacrificateur. Le Vainqueur des Gaules eut de plus grandes difficultés à surmonter; et ses talens militaires surpassent ceux du Conquérant de Babylone. César forme dans l'histoire du monde une époque à jamais mémorable.

Charlemagne fut aussi un grand Capitaine, relativement au siècle où il vécut; siècle de barbarie et d'ignorance, où le noble métier des armes, borné à des combats en masse et sans aucun ordre, où on ne connaissait d'autre discipline que celle que son Aïeul avait empruntée des armées Arabes, qu'il avait exterminées dans les plaines de Tours. Les guerres de ce

Monarque étaient des excursions répétées tous les printemps ; et c'est de cette manière qu'il employa 33 années à subjuguer et réduire quelque horde de barbares, entre le Wéser et l'Elbe. Mais un autre genre de gloire appartient, sans partage, à la mémoire de cet excellent Prince ; la reconnaissance nationale, d'âge en âge, n'a cessé de célébrer la bienveillance, la justice, la sollicitude de ce Père de ses Peuples. Occupé sans cesse à réprimer les abus, les vexations des Grands, pieux et amateur de sciences, autant qu'il était possible de l'être dans un siècle aussi barbare, la postérité n'a voulu voir que le bien que ce Prince eut l'intention de faire ; et dix siècles après sa mort, la Nation Française lui rend un magnifique et éclatant hommage, en inscrivant son nom à côté de celui de NAPOLÉON.

Si Alexandre, César et Charlemagne ont approché, comme guerriers, du Héros de la France, leur infériorité dans le reste est complète. Homme d'Etat consommé, NAPOLÉON présente le phénomène unique dans l'histoire, d'un Monarque à qui toutes les branches de l'administration, à qui toutes les sciences sont également familières. Son génie embrasse, absorbe toutes les connaissances humaines; nul individu ne l'approcha jamais sans être étonné de voir un jeune Héros, à qui les détails les plus minutieux des arts étaient aussi présens qu'à ceux même qui en font leur étude exclusive. L'œil du Maître plane à-la-fois sur tous les points de son vaste Empire; et ses méditations profondes et sublimes embrâsent d'avance et calculent le bien-être de cent générations. Jamais établissement humain n'approcha d'aussi près de la perfection, que le système de Gouvernement que ce Génie sublime développe chaque jour pour la prospérité de la France, et la tranquillité de l'Europe. La massue de l'Hercule Français a repoussé dans ses déserts, le fier Scandinave, dont les progrès allarmants et rapides depuis un siècle, semblaient menacer la vieille Europe d'une nouvelle inondation de barbares. Un jeune Monarque, fier d'une puissance plus souvent fatale à ceux qui l'ont exercée qu'aux ennemis qu'elle menace, le descendant d'un des Guerriers de Gengiskan, osait méconnaître le titre auguste dont la Nation Française avait décoré son ILLUSTRE CHEF ; il fallait l'assentiment d'un Tartare, pour consacrer le Titre de NAPOLÉON, de ce Héros qui, quelques heures plus tard, devait accorder à ce Prince humilié, la permission de rentrer dans ses Etats avec les débris d'une armée qui ne devait son existence qu'à la générosité du Vainqueur!

Charles en mourant prévit, sans pouvoir les prévenir, les désastres que ces émigrations du pole causeraient dans son Empire. NAPOLÉON, la premiere année de son règne, les vainquit; et sa générosité seule les sauva d'une destruction inévitable.

Le trident de Neptune sera arraché par lui des mains de l'envieuse Albion ; et les mers, rendues à leur liberté première, porteront sur tous les points du globe la gloire du nom de leur Libérateur.

Charles reçut la Couronne Impériale de la main d'un Pontife ; NAPOLÉON ne tient la sienne que de l'amour de trente millions de Français ; et le Pontife Romain, appellé à l'honneur de le sacrer, lui devait la restauration des Autels et le rétablissement de son Trône.

La Providence semble avoir soumis à cet Homme extraordinaire son immuable volonté ; elle l'a doué de tous les genres de génie, de tous les genres de bonheur ; l'ombre la plus légère n'effleurera pas la gloire dont son nom est entouré. Aucuns reproches ne flétriront ses titres à la Puissance Suprême. La dernière dynastie n'existait plus depuis long-tems ; et la France, en la repoussant loin d'elle, avait passé par plusieurs formes de Gouvernement, avant de rétablir le Trône antique de Charlemagne ; l'espérance même ne restait plus à une race qui, dans ces momens orageux, ne pût fournir un rejetton qui fut digne d'intéresser. La maison de Brunswick, si fière sur le Trône de la Grande-Brétagne, a-t-elle pu oublier qu'elle ne dût ce sceptre qu'à un événement à-peu-près semblable dans son principe, mais déshonorant par l'impiété filiale qui osa s'asseoir sur le trône d'un père malheureux et dépouillé par elle ?

L'élévation du Héros Français est noble, est

pure; elle honore également et la Nation qui s'acquitte, et le Prince qui en est l'objet. Cette élévation couronne les destinées de la France, et lui assure une prospérité qui s'accroîtra en raison de la longueur d'un règne qui, calculé sur les vœux ardents des Français, sera vu et chéri par plusieurs générations.

Certes il serait difficile de supposer que l'esquisse incomplète que l'on vient de tracer, renfermat tous les titres de NAPOLÉON à la Gloire, ainsi qu'à la reconnaissance nationale; mais elle suffira cette esquisse pour prouver combien l'homme qui fut l'objet de cet écrit, était au-dessus des noms auxquels on fesait l'honneur d'assimiler le sien. Puisse un nouveau Tacite naître dans mon heureuse Patrie; puisse-t-il être doué d'un talent assez extraordinaire, pour essayer de tracer à la postérité les merveilles du siècle glorieux qui l'aura rendu contemporain de tant de grandeur. Il dirait alors avec l'historien d'Agricola : « *Quod* » *si vita suppeditet, Principatum et Imperium* DIVI NAPOLEONI, *uberiorem securioremque materiam senectuti seposui : rara*

» *temporum felicitate, ubi sentire quæ velis ;*
» *et quæ sentias dicere licet.* »

Illustres Compagnons de l'Hercule Français, c'est à vous que j'adresse l'hommage de cet écrit ! Vous applaudirez au noble enthousiasme qui le dicta ; vous y trouverez les sentimens dont vos ames sont embrasées ; et en plaignant votre Camarade de n'avoir pu partager les dangers et la gloire dont vous venez de vous couvrir, vous lui saurez quelque gré d'avoir osé s'élever à la hauteur de l'immortel sujet qu'il a traité. L'orgueil d'appartenir au Corps fortuné qui produisit un tel Homme, justifie l'audace de son entreprise.

La Gloire dont se ceint la tête de l'Auguste Napoléon, réfléchit sur chacun de vous ces rayons de splendeur dont il est le centre, le foyer et le distributeur. Vous n'êtes Grands que de sa propre Grandeur ; et les récompenses héréditaires dont il vient d'honorer vos services, sont un nouveau bienfait, sont les chaînons nécessaires qui affermissent l'ordre social dans un Empire aussi vaste (5). Défenseurs du

---

(5) César et son Héritier Octave, récompenserent

Trône ! l'éclat dont vous brillez est une émanation de cette Majesté sacrée qui ennoblit par d'honorables distinctions, d'honorables services et de grandes actions, et qui vous en commande encore de plus extraordinaires. Quel est celui d'entre-vous, dont l'ame ardente et généreuse reconnaîtrait quelques obstacles à la voix de Napoléon ?

Puissances jalouses du bonheur de la France, pouvez-vous, comme elle, vous glorifier d'une Jeunesse généreuse, qui à-peine entrant dans la carrière de la vie, s'est spontanément levée à la voix révérée du Sauveur de la Patrie, et a triplé volontairement le nombre des Défenseurs que l'Etat réclamait !

---

les Vétérans à qui ils durent la puissance suprême, en leur partageant les propriétés des malheureux habitans de l'Italie ; *le Cigne de Mantoue* a éternisé dans ses beaux vers, cet acte d'atrocité, sans exemple jusqu'alors. Napoléon aussi a distribué à ses nobles Vétérans une partie des terres dont la victoire l'a rendu le maître ; mais cette distribution ne coûtera pas une larme à l'Humanité ; c'est un bienfait nouveau qu'il verse sur les Pays où ces établissemens s'exécutent. Cette mesure augmentera la population de ces contrées, en améliorera l'agriculture, et servira d'un lien moral, pour rattacher à la mère-Patrie les nouveaux enfans de son adoption,

La moitié des Vainqueurs d'Austerlitz sortait du sein de leur famille; et il ne leur fallut qu'un regard de Napoléon pour les égaler aux Vétérans auxquels on les associait.

Guerriers de tous les rangs, vos noms sont à jamais inscrits au Temple de Mémoire; et lorsque, rassasiés de Gloire et d'années, d'honorables monumens recevront vos dépouilles mortelles, il suffira de graver sur vos pierres tumulaires : Que Vous futes les Compagnons de l'HERCULE FRANÇAIS.

www.ingramcontent.com/pod-product-compliance
Lightning Source LLC
LaVergne TN
LVHW020929230826
846091LV00005BA/1933

*9782013369824*